PROJET DE SALLE

RUE DE LA PAIX,

POUR LE THÉATRE ROYAL ITALIEN.

LETTRES

A Monsieur le Ministre de l'Intérieur,

EN DATE

des 15 Mai et 31 Octobre 1839.

PARIS,

IMPRIMERIE ADMINISTRATIVE DE PAUL DUPONT ET Cⁱᵉ,

RUE DE GRENELLE-SAINT-HONORÉ, N° 55.

1839.

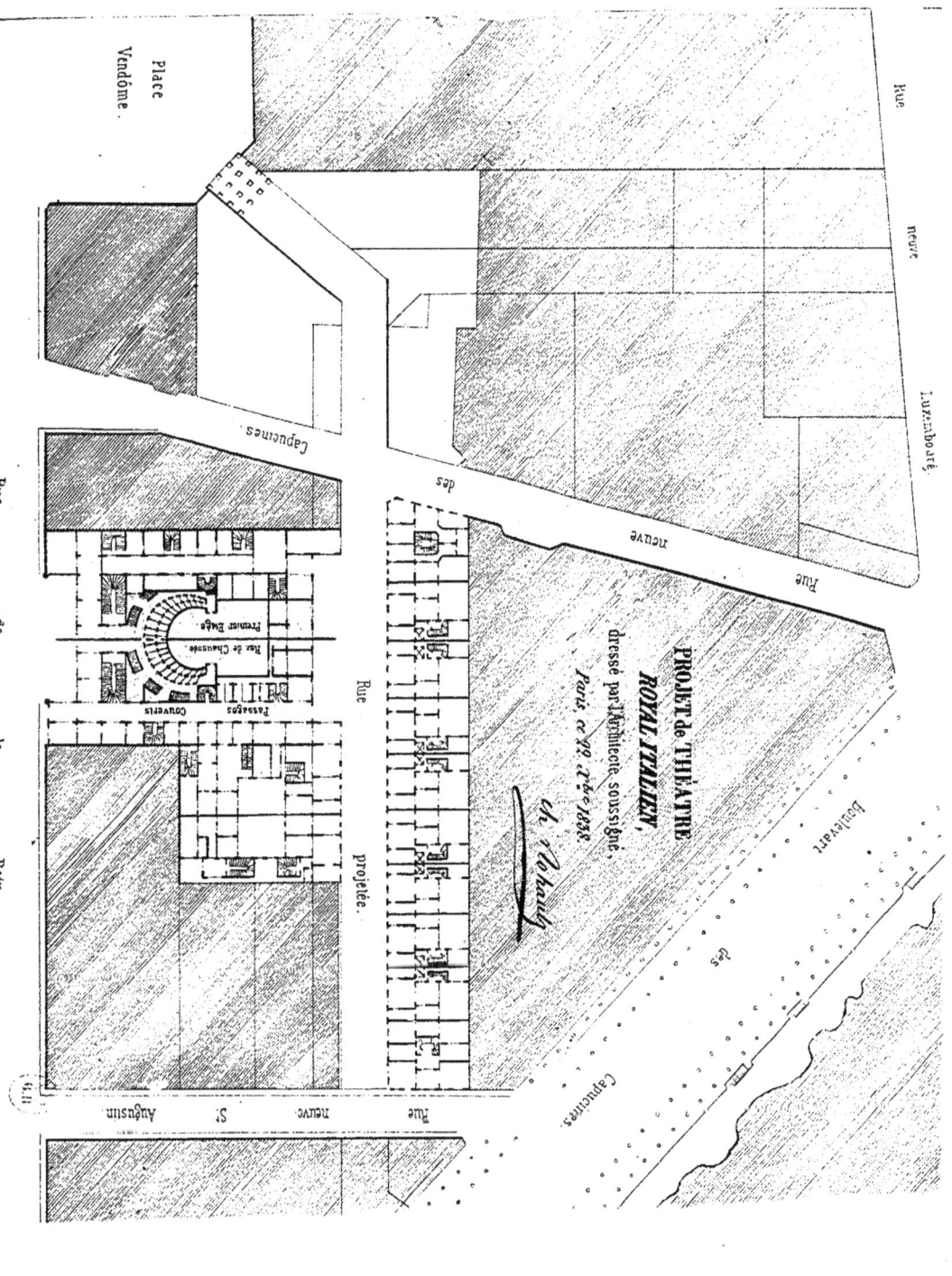

PROJET DE SALLE

RUE DE LA PAIX,

Pour le Théâtre Royal Italien.

PREMIÈRE LETTRE (1).

Paris, le 15 mai 1839.

A Monsieur le Ministre Secrétaire d'État de l'Intérieur.

Monsieur le Ministre,

Deux théâtres royaux, les *Italiens* et l'*Opéra-Comique*, sont menacés dans leur existence, par suite de l'incendie des salles de la place Favart et de la rue de Chartres.

Les inconvéniens qui s'opposent à ce que le *Théâtre-Italien* reste définitivement à l'Odéon sont trop réels et trop graves; ils ont dû d'ailleurs vous être signalés avec trop de soin, par le directeur et les habitués de ce théâtre, pour qu'il soit besoin d'appeler de nouveau votre attention sur cet important objet qui l'a déjà sans doute fixée de la manière la plus sérieuse.

Quant à l'*Opéra-Comique*, la salle de la place de la Bourse,

---

(1) Voir ci-après, page 17, la deuxième lettre, du 31 octobre.

qu'il occupe encore, est louée au *Vaudeville*, qui doit en prendre possession le 1ᵉʳ mai prochain.

Dans cet état de choses, Monsieur le Ministre, vous reconnaitrez la nécessité d'assurer promptement un asile à deux théâtres royaux qui se recommandent, à tant de titres, à toute votre sollicitude.

L'emplacement de la salle *Favart*, en admettant qu'on ne le destine pas au théâtre de l'*Opéra-Comique*, est trop peu spacieux pour que le Théâtre-Italien puisse y être convenablement maintenu; en outre, l'encombrement des voitures jusque sur le boulevart, à la sortie du spectacle, au moment où la circulation doit être le moins entravée, présente des difficultés et même des dangers dont l'Autorité cherchera indubitablement à prévenir le retour.

Une salle qui sert de point de réunion à l'élite de la population de Paris exige des abords et des issues faciles, à cause de la quantité d'équipages qui y affluent; la sûreté publique rend cette précaution indispensable.

Il n'est pas moins desirable que toutes les parties de la salle soient disposées de telle sorte que le spectateur trouve, dans diverses améliorations notables et possibles, un attrait de plus au plaisir, chèrement payé, d'entendre de bonne musique.

C'est l'espoir, c'est la certitude de pouvoir accomplir ces conditions, qui me déterminent à soumettre à votre examen, Monsieur le Ministre, la proposition et les plans que j'ai l'honneur de vous adresser. Ces plans sont de M. *Rohault*, qui en suivrait l'exécution, sous la surveillance des architectes du Gouvernement.

Considérations sur le choix de l'emplacement de la salle projetée.

De tous les quartiers de la Capitale, celui qui convient le mieux pour l'érection du *Théâtre royal Italien* est, sans contredit, le premier arrondissement, qui ne possède aucune salle de spectacle, et dont la position, entre le faubourg Saint-Germain, le faubourg Saint-Honoré et la Chaussée-d'Antin, est le véritable centre des grandes fortunes.

De vastes terrains appartenant à l'État, occupés aujourd'hui par le Timbre, par l'hôtel des Archives du ministère des Affaires étrangères et par un grand jardin qui en dépend, offrent les développemens et les facilités convenables pour l'exécution du projet présenté.

C'est dans la partie la plus belle de ces terrains, en ménageant la façade principale sur la rue de la Paix, que je propose d'édifier le *Théâtre royal Italien*.

Deux passages latéraux, dans lesquels pourraient arriver simultanément un grand nombre d'équipages; une large rue à ouvrir derrière le théâtre, entre la rue Neuve-Saint-Augustin et la rue Neuve-des-Capucines; le voisinage de ces deux dernières rues, ainsi que du boulevart, de la rue de la Paix et de la place Vendôme, donneraient les débouchés les plus complets, et rendraient la nouvelle salle une des plus accessibles de toutes celles de Paris.

La proximité de la caserne des sapeurs-pompiers, rue de la Paix, vis-à-vis de l'emplacement du Timbre, doit être encore considérée comme une circonstance heureuse.

Pour rendre ces terrains disponibles, il faudrait nécessairement reporter ailleurs le Timbre et les Archives du ministère des Affaires étrangères; mais ce déplacement ne parait pas devoir rencontrer d'obstacles sérieux, puisqu'il peut s'opérer par la simple volonté du Gouvernement, avec un avantage réel pour le service : ainsi, le Timbre serait utilement placé au ministère des finances, à portée de l'administration de l'Enregistrement et des Domaines; des bureaux pour le timbre spécial des journaux seraient établis sans difficulté dans les quartiers les plus convenables, au moyen de locations particulières peu importantes. Cette division, déjà nécessaire dans l'état actuel des choses, deviendrait indispensable si la loi projetée sur la réduction du timbre des feuilles publiques, qui en accroîtrait considérablement la quantité, recevait bientôt son application.

Les Archives peuvent, sans trop d'inconvéniens, ne plus être à côté du ministère des Affaires étrangères; car on ne les consulte pas à chaque instant, et lorsqu'on le fait, ce n'est jamais avec une précipitation telle, que quelques minutes de plus, consacrées au trajet, puissent occasionner de grands retards et amener des conséquences fâcheuses. En supposant qu'on ne leur trouvât pas un local plus rapproché (1), rien ne paraîtrait s'opposer à ce qu'on les transférât dans les immenses bâtimens du quai d'Orçay.

Les questions de déplacement sont généralement difficiles à résoudre; mais, dans cette circonstance, il n'est pas permis de craindre que le haut intérêt qui s'attache à l'adoption de la mesure, ne soit pas apprécié par les personnes mêmes dont elle pourrait momentanément contrarier les habitudes.

Des objections d'une autre nature ne manqueront pas de surgir de la discussion, et d'arriver au secours de nombreuses combinaisons, suscitées par des intérêts rivaux :

Et d'abord, dira-t-on, il faut utiliser la salle de *l'Odéon;* le quartier ne peut pas être privé entièrement de spectacle, pourquoi ne pas y laisser le Théâtre-Italien? Pourquoi? parce que le Théâtre-Italien y périrait! Les raisons les plus déterminantes à cet égard sont dans l'expérience de la dernière année.

Du reste, rien de plus simple que d'assurer, une ou plu-

---

(1) A la rigueur, un des hôtels à construire dans la rue projetée serait affecté aux Archives.

sieurs fois par semaine, un spectacle varié aux habitans du quartier; le moyen consiste à obliger les directeurs de divers théâtres à faire jouer alternativement à *l'Odéon*, notamment pour les représentations extraordinaires, jusqu'à ce que la salle reçoive une nouvelle destination, soit par la concession du privilége que l'on demande à y exploiter, soit par suite de sinistres, que l'on a trop souvent à déplorer, et qui démontrent si bien la nécessité d'avoir toujours au moins une salle d'attente.

La salle de la *Renaissance*, dans la supposition où l'exploitation de ce théâtre viendrait à être interrompue, donne lieu, d'un autre côté, à un projet de classement qui permettrait, tout en perpétuant le vice des demi-mesures, d'éluder provisoirement la difficulté : les *Italiens* prendraient possession de la salle *Ventadour*, et l'*Opéra-Comique* s'installerait à la place *Favart*; mais le fait sur lequel reposent tous ces arrangemens n'est point accompli, et d'ailleurs, les prétentions qui, dans cette prévision, se sont respectivement manifestées, ne laissent que peu d'espoir d'arriver à une transaction qui satisfasse toutes les parties intéressées.

Deux plans gigantesques, ayant pour but, l'un de convertir en théâtre les constructions considérables et les habitations particulières, au milieu desquelles se trouvent, rue Grange-Batelière, l'administration de l'octroi et la mairie du deuxième arrondissement; l'autre de construire, entre le faubourg Saint-Honoré et les Champs-Élysées, un local de la plus grande dimension, dans lequel seraient réunis un théâtre, une salle de concerts et un jardin public, ne sauraient paralyser l'exécution du projet que je propose; car, en ne soulevant ici que la difficulté résultant de la durée des travaux (et certes, sous d'autres points, la critique pourrait s'exercer avec quelque fondement), on se trouve arrêté par une impossibilité absolue : en effet, les constructions dont il s'agit n'absorberaient pas moins de trois années ; or, *il faut indispensablement que l'Opéra-Comique ait une salle complètement achevée le 1er mai prochain, et les* Italiens *le 1er octobre suivant.*

Il avait été question un moment de construire la nouvelle salle à l'ancien *Hôtel Richelieu*, sur les terrains occupés par l'administration de la *Caisse hypothécaire*, rue Neuve-Saint-Augustin ; mais cette grande propriété a été divisée, et des bâtisses importantes, déjà commencées, annoncent qu'elle est livrée à la spéculation.

Le bazar du boulevart *Bonne-Nouvelle* a également été indiqué comme pouvant, à peu de frais et en peu de temps, être disposé pour recevoir les *Italiens ;* ce n'est pas sérieusement sans doute que l'on a songé à cet emplacement, qui ne convient sous aucun rapport.

Les salles provisoires (et il faudrait bien recourir à cette ressource extrême, si des questions de personnes, si la crainte d'obstacles chimériques devaient l'emporter sur l'intérêt bien entendu de l'État) présentent toujours de graves inconvéniens pour les directeurs et pour le public : les propriétaires, fort exigeans dans l'évaluation de leurs loyers, stipulent, en cas de résiliation, des indemnités considérables, et il en résulte que les dispositions intérieures d'une salle sont toujours faites avec parcimonie et presque en pure perte.

Les exemples à cet égard ne manquent pas, Monsieur le Ministre : le *Théâtre-Italien* s'est successivement *campé* à la salle Ventadour et à l'Odéon, tandis que les directeurs du *Vaudeville*, sur le point de perdre leur troupe et peut-être leur privilége, ont été contraints de se reléguer à tout prix dans une espèce de grand salon; plus tard, afin de s'assurer la jouissance, justement recherchée, de la salle place de la Bourse, la seule qui fût à louer dans Paris, ils ont dû souscrire aux conditions qu'il a plu aux propriétaires de leur imposer.

Aussi, lors même que l'on parviendrait à *caser* les *Italiens*, en abandonnant la place Favart à l'*Opéra-Comique*, il n'en serait pas moins bien constaté qu'il y a prudence, qu'il y a nécessité de ne plus laisser désormais le Gouvernement et le public à la merci d'un sinistre, et les directeurs à la discrétion des propriétaires.

L'objet de ma proposition, Monsieur le Ministre, ne consiste pas seulement dans les ressources d'une salle de plus; d'autres considérations en attestent les avantages et l'opportunité :

Lorsque le goût, la vogue et les habitudes s'attachent de plus en plus au *Théâtre-Italien*, vous reconnaîtrez combien il est intéressant de favoriser ces heureuses dispositions. Tout le monde sait, et M. le préfet de la Seine et M. le préfet de police peuvent particulièrement affirmer que le *Théâtre-Italien* exerce une influence marquée sur le séjour, dans la Capitale, d'un grand nombre de riches Étrangers, qui dépensent d'énormes fortunes au profit de la population. Une partie de ces Étrangers, ainsi du reste qu'une quantité considérable d'autres personnes, qui iraient régulièrement aux *Italiens*, y renoncent faute de places.

Enfin, le *Théâtre-Italien* est un spectacle à part; c'est un plaisir réservé en quelque sorte, par privilège, au luxe et à la mode; il faut donc savoir les satisfaire, et pour y parvenir, trois conditions principales doivent être accomplies :

1° Construire une salle dans le quartier le plus beau et le plus central de Paris;

2° Rendre cette salle la plus riche et la plus commode de toutes celles de la Capitale;

3° Assurer une contenance suffisante pour que l'exploitation présente des bénéfices convenables.

L'emplacement projeté permet d'atteindre ce triple but; mais ce n'est pas seulement aux besoins et aux exigences du théâtre que le choix de cette localité répond parfaitement; la ville de Paris et l'État sont vivement intéressés dans une question d'embellissement et de revenu, dont quelques développemens feront facilement comprendre toute l'importance.

Les terrains sur lesquels existent les bureaux du Timbre et des Archives du ministère des Affaires étrangères sont d'une superficie de 8,438 mètres. La possibilité de reporter ces bureaux dans différens autres endroits a été déjà démontrée.

Rien de plus disparate que les noirs bâtimens du Timbre, à côté des belles constructions de la rue de la Paix, de la place Vendôme et de la rue Castiglione; l'hôtel des Archives, rue Neuve-des-Capucines, n° 10, dont la façade tombe en ruine et dépasse considérablement l'alignement des maisons neuves, ainsi que le mur surmonté d'une grille, lequel clôt, presque à l'angle de la rue Neuve-Saint-Augustin et du boulevart, le jardin de l'hôtel des Archives, et qui ne fixe l'attention des passans que par son triste aspect, réclament une meilleure et prompte destination.

L'État ne touche aucun revenu du magnifique emplacement qu'il possède au cœur de Paris, si l'on en excepte toutefois la faible valeur attribuée à la location des bureaux du Timbre et des Archives; pourtant ce revenu pourrait devenir considérable, car le sol est d'un grand prix, et l'on a peine à comprendre qu'aucune tentative n'ait encore été faite par le Gouvernement pour en tirer parti.

Une compagnie financière qui, au moyen d'une emphytéose, et d'un système d'amortissement bien combiné, construirait à ses frais un théâtre dans les conditions que j'ai indiquées, ainsi que des habitations particulières, en livrant à la voie publique une large rue à ouvrir entre celles Neuve-Saint-Augustin et Neuve-des-Capucines, pourrait rendre à l'État la salle et ses dépendances à la fin de la quinzième année, et tout le reste des constructions, au bout de cinquante ans, avec un revenu assuré de plus de 300,000 francs, non compris les sommes importantes qui, jusqu'à cette époque, seraient versées, comme contributions, dans les caisses du Trésor.

C'est sur ces bases, Monsieur le Ministre, que repose la demande dont cette lettre est l'objet.

Quant à présent, qu'il me soit permis de constater qu'une proposition, qui a pour objet de doter l'État de la plus belle salle qui ait jamais existé en France, et qui ne laisserait rien à envier aux théâtres de Naples, Milan, Rome, justement cités dans toute l'Europe, comme des modèles de disposition, de richesse et de bon goût ; de substituer une large rue et de magnifiques habitations à de véritables masures ; d'abandonner, après un temps déterminé, toutes ces constructions, avec un revenu considérable, réclame et mérite une grande attention, un vif intérêt. A ces divers titres, Monsieur le Ministre, j'ai droit de compter sur votre appui. Les Chambres, dont vous aurez à demander le concours pour cette grande opération, qui se lie à celle de la reconstruction de la salle Favart, vous l'accorderont avec empressement, car elles seront surtout frappées de l'avantage incontestable d'obtenir de si brillans résultats, sans le secours du Trésor.

A Londres, vous le savez, Monsieur le Ministre, ce sont les emphytéoses qui ont le plus contribué à la richesse de la ville, et vous ne voudrez pas laisser échapper l'occasion qui se présente, et qui, probablement, ne se reproduira jamais dans des circonstances aussi favorables, de faire l'application de cet heureux système.

Observations sur la construction et les principales dispositions de la salle.

Toute la construction sera en matériaux incombustibles, suivant les ordonnances de police.

Les fouilles atteindront le bon sol.

Les fondations seront en béton hydraulique et libages.

Le soubassement de toutes les façades extérieures sera en roche, jusqu'aux impostes des archivoltes.

Au dessus, la construction sera, partie en pierre dure, partie en pierre tendre, y compris la grande corniche et l'attique.

Les murs intérieurs seront en moellons durs.

Les voûtes et planchers seront en briques et tuiles hourdées en ciment romain, et maintenues par du fer.

Les dallages du rez-de-chaussée seront en roche.

Au premier étage, le foyer, d'une dimension et d'une forme en harmonie avec l'élégance de la salle, et ayant vue dans toute sa longueur sur la rue de la Paix, sera parqueté et décoré de peintures et glaces.

Tous les escaliers seront formés d'une voûte en briques, portant des marches en menuiserie.

Les cloisons des loges seront en briques, couronnées par une plate-bande en fer plat, formant ceinture et servant de sommier, pour recevoir en bascule les petites solives de fer qui forment les planchers des loges et des corridors.

Ces solives seront réunies à leurs abouts par une ceinture en fer, sur laquelle on élèvera des montans en fer, garnis de treillages également en fer, pour les devans de loges. Tous ces fers seront hourdés en plâtre.

Le plafond de la salle, portant la couverture, sera en fer, hourdé en plâtre.

Le mur d'avant-scène sera en moellons avec têtes en pierre, arc en briques et remplissage en poterie.

Le rideau d'avant-scène sera en fer.

Cinq fermes en fer seront disposées pour porter le gril.

Les murs des côtés et du fond de la scène seront en moellons durs, avec portes en tôle dans toutes les baies.

Les machines théâtrales seront en fer, d'après les procédés de Steffenson.

La couverture de la salle et du théâtre sera en zinc.

Un cheneau en plomb, défendu par une balustrade, sera disposé tout autour du toit.

Le théâtre, établi dans la partie qui joint la rue projetée, sera isolé des propriétés voisines par deux passages couverts en métal, lesquels, en cas d'incendie, serviraient de poste aux pompiers, pour porter les secours les plus prompts et les plus efficaces.

En outre, le théâtre sera pourvu des appareils contre l'incendie, exigés par la police.

Il sera, de plus, garni de ses grils, planchers et principales machines, et desservi par deux escaliers. De nombreuses pièces de service seront ménagées tout autour, et à chaque étage, savoir :

Loges d'acteurs.

Grands foyers de chant.

Grand foyer de musiciens.

Grand foyer pour les acteurs.

Loges pour les comparses.

Magasin d'accessoires.

Atelier et magasin pour les tailleurs.

Atelier et magasin pour les couturières.

Magasin pour les habilleurs et habilleuses.

Deux beaux passages latéraux donneront accès simultanément à une grande quantité d'équipages, de sorte que l'arrivée et la sortie s'opéreront rapidement, à couvert, sans exposer les femmes à l'inconvénient d'attendre, ni au danger de prendre froid.

Un vaste portique, fermé par des vitrages et ayant son entrée principale sur la rue de la Paix, servira de vestibule au public, pour attendre l'ouverture des bureaux.

De ce portique, où seront réunis les bureaux pour les billets, l'on arrivera dans le vestibule du contrôle, conduisant à toutes places par deux larges escaliers. Deux autres escaliers de dégagement, montant de fond et communiquant par leurs paliers avec tous les corridors, donneront de nouveaux débouchés.

Les personnes en voiture parviendront à leurs loges par de beaux escaliers disposés à cet effet.

Les loges principales seront presque entièrement fermées au moyen de stalles très hautes; il sera joint, à une partie de ces loges, *de charmans petits salons* que les locataires décoreront à leur fantaisie et à leurs frais.

Les autres loges seront découvertes, de manière que la vue ne soit gênée d'aucun endroit.

La disposition de la salle, large et peu profonde, placera le chanteur presque au centre du cercle, et sa voix arrivera facilement à toutes les oreilles, sans être altérée par des échos incommodes et trop fréquens.

Un plafond sera substitué à la voûte d'usage, comme plus favorable à l'acoustique, suivant l'opinion d'une commission savante, chargée d'étudier les meilleures formes à donner à nos salles d'assemblées législatives.

La salle et le théâtre seront ventilés.

Deux calorifères les chaufferont, ainsi que le foyer et les vestibules.

Tout l'éclairage sera fait par le gaz portatif non comprimé, comme présentant une lumière plus pure et n'ayant pas, pour le teint et la toilette des femmes, l'inconvénient du gaz hydrogène tiré de la houille.

Il sera fourni un lustre en rapport avec la riche décoration de la salle.

Les places, largement calculées, seront au nombre de quinze cent quarante-huit;

Savoir :

Stalles ou orchestre	180
Parterre	260
Avant-scènes et baignoires	136
Balcons	68
Loges dites de la corbeille	104
Avant-scènes et loges de la galerie	120
Avant-scènes et premières loges	164
Avant-scènes et deuxièmes loges	258
Avant-scènes et troisièmes loges	258

} 1,548 pl.

Constructions à faire indépendamment du théâtre.

Il sera établi, outre la salle, dont les dispositions principales précèdent, *quatorze hôtels ou maisons*, y compris un grand nombre de boutiques régnant dans toute la longueur des deux passages. Ces maisons, à cinq étages, seront construites solidement et avec tout le luxe et les agrémens des habitations les plus modernes ; elles seront à porte-cochère, avec écuries et remises.

Toutes les constructions seront immédiatement assurées contre l'incendie, et les risques répartis entre les principales compagnies de la Capitale.

Conditions et durée de l'emphytéose.

Je demande :

1° Que les matériaux provenant de la démolition des bâtimens du Timbre et des Archives me soient abandonnés ;

2° *Le privilége du Théâtre royal Italien* pour *quinze années*, à compter du 1er octobre 1840, *sans subvention*.

Je dois faire observer à cet égard que la demande de privilége étant surtout fondée sur la nécessité d'assurer un revenu à la salle pendant quinze ans, je me prêterais volontiers à toute combinaison qui aurait pour résultat d'accorder le privilége à une autre personne, à la condition qu'un loyer de *quatre-vingt mille francs*, pour la jouissance du théâtre et des boutiques qui en dépendent, me serait garanti. J'ai la certitude que la plupart des prétendans accepteraient avec empressement cette proposition.

3° Une emphytéose de *quinze ans*, pour les terrains sur lesquels seront construits le théâtre ainsi que les boutiques qui en font partie, et de *cinquante ans*, pour le surplus de l'emplacement sur lequel seront élevées les habitations particulières, avec les passages et les boutiques qui en dépendent.

J'offre en échange :

1° De construire à mes frais, *dans le délai d'un an*, à compter du jour où les bâtimens du Timbre et des Archives me seront livrés, et, sous peine d'un dédit considérable, la salle *complètement achevée*, destinée au *Théâtre royal Italien*, et remplissant toutes les conditions énoncées plus haut ;

2° D'abandonner à l'Etat, au bout de quinze ans, c'est-à-dire le *premier octobre mil huit cent cinquante-cinq*, les propriété et jouissance de la salle, avec les boutiques qui en font partie ;

3° De construire à mes frais les *quatorze maisons*, *boutiques et dépendances*, indiquées aux plans annexés à la présente soumission, et d'en abandonner également à l'État, au bout de *cinquante ans*, c'est-à-dire le *premier octobre mil huit cent quatre-vingt-dix*, les propriété et jouissance sans aucune réserve.

Je propose en outre, si cette offre paraît plus avantageuse au Gouvernement, de livrer la salle immédiatement, c'est-à-dire le *premier octobre mil huit cent quarante*, avec ses boutiques et tous les revenus qui y seront attachés ; dans ce cas, la durée de l'emphytéose, au lieu d'être de *cinquante ans*, serait portée à *soixante-dix ans*, et expirerait le *premier octobre mil neuf cent dix*.

Dans l'une et l'autre combinaisons je donnerai, pour assurer l'exécution du projet, des garanties satisfaisantes.

Il suffira de vous rappeler, Monsieur le Ministre, diverses concessions qui ont eu lieu, pour vous convaincre de tous les avantages que présente à l'État, à la ville de Paris et à une partie notable de la population, celle que je demande; j'ajouterai, avec une conviction profonde, qu'en contribuant à cette grande œuvre, votre nom y restera éternellement attaché comme preuve d'une haute protection pour les arts, pour l'industrie, et comme souvenir d'une administration ferme et éclairée !

J'ai l'honneur d'être,

Monsieur le Ministre,

Votre très humble

Et très obéissant serviteur,

Eug. Le Comte.

Paris, le 15 mai 1839.

DEUXIÈME LETTRE.

Paris, le 31 octobre 1839.

A Monsieur le Comte Duchâtel, Ministre Secrétaire d'État de l'Intérieur.

Monsieur le Ministre,

Dans le courant de mai dernier, j'ai eu l'honneur de vous remettre les plans et la description d'une salle à construire rue de la Paix, sur l'emplacement du Timbre, pour le *Théâtre royal Italien*.

A cette époque, aucun local n'avait encore été définitivement fixé pour l'*Opéra-Comique*, qui, par suite d'une disposition législative, va être exploité dans la salle *Favart*.

Diverses combinaisons furent alors tentées pour assurer un asile aux *Bouffes*. L'une de ces combinaisons consistait à occuper la salle *Ventadour*, mais elle n'est pas devenue vacante; l'autre avait pour objet la réunion, regardée depuis comme *impraticable*, de l'Opéra-Italien à l'Opéra-Français;

enfin la troisième, que le public a condamnée, et dont l'Autorité elle-même semble avoir reconnu tous les inconvéniens, reposait sur la possibilité de maintenir les *Italiens* à l'*Odéon*.

Le résultat de ces tentatives avait été prévu, Monsieur le Ministre, et je ne suis sans doute pas le seul à regretter que la saison qui s'achève n'ait pas été employée à commencer les travaux d'une nouvelle salle dont l'édification, pour le 1er octobre prochain, est une nécessité désormais incontestable.

Ce que l'on n'a pas fait jusqu'à ce jour peut encore s'exécuter; toutefois, il n'y a plus d'ajournement possible. Si la construction d'une salle est admise en principe, si nul autre emplacement n'offre les avantages que présentent les terrains du Timbre, des dispositions préparatoires doivent être prises sans délai; les devis de M. Rohault, architecte, doivent être revus; un projet de loi et un cahier des charges doivent être préparés; c'est surtout avec les chefs d'administration, dont les bureaux seraient transférés dans un autre local, qu'il devient nécessaire de s'entendre. Pour l'exécution de ces mesures, et pour obtenir la sanction des Chambres, trois ou quatre mois restent à peine; mais ce délai est plus que suffisant, et si l'on mettait les ouvriers à l'œuvre en janvier, ou même en février, la nouvelle salle serait complétement achevée, et livrée au public avant le 1er octobre prochain.

En indiquant cette marche, Monsieur le Ministre, je n'ai pas la prétention de la prescrire; je ne veux que tenir l'Administration en garde contre une perte de temps qui deviendrait irréparable.

Le choix des dépendances du Timbre, pour la salle du *Théâtre royal Italien*, paraît avoir obtenu l'assentiment général des personnes qui ont étudié le projet. Néanmoins, deux questions n'ont pas été assez approfondies : la première se rapporte au déplacement des archives du ministère des Affaires étrangères et des divers autres bureaux existans sur les terrains destinés aux constructions. Ma lettre du 15 mai (voir pages 3 et 4) contient, sur ce point, des observations que je crois plus fondées que jamais ; je reste donc convaincu, et tout le monde pensera comme moi, que cette difficulté n'est pas sérieuse ; qu'elle ne saurait résister à un examen sévère, et surtout à une discussion publique.

La deuxième question est relative à la valeur des terrains qui seraient concédés à titre d'emphytéose : sous ce rapport, des erreurs graves ont été commises, et accréditées trop légèrement. Je suis heureux de pouvoir les détruire par des chiffres, et de prouver que ma première proposition n'avait pas été faite au hasard.

Les terrains comprenant le Timbre, rue de la Paix, l'hôtel et le jardin des archives du ministère des Affaires étrangères, entre la rue Neuve-Saint-Augustin et la rue Neuve-des-Capucines, sont d'une superficie totale de 8,438 mètres (1).

L'estimation de ces terrains peut être faite de la manière suivante :

1,488 mètres, en façade rue de la Paix, à 750 fr. le mètre..........................	1,116,000 fr.
900 mètres, en façade rue Neuve-des-Capucines, à 300 fr. le mètre..........	270,000
900 mètres, en façade rue Neuve-Saint-Augustin, à 250 fr. le mètre..........	225,000
5,150 mètres, enclavés dans les portions de terrains ci-dessus, à 150 fr. le mètre.	772,500
8,438 mètres. Total......	2,383,500 fr.

ce qui porte le prix moyen du mètre à 282 fr. 47 c.

D'après cette évaluation, et à plus forte raison en l'exagérant, on groupe facilement des chiffres, desquels il résulte que la vente des terrains produirait, avec les intérêts des intérêts, une somme considérable, au bout d'un certain temps. Pour un particulier, ce calcul serait exact ; mais, appliqué à l'État, qui n'a

---

(1) Tout le monde sait que 4 mètres correspondent, sauf une très faible fraction, à 1 toise, et que l'usage de cette dernière mesure est interdit à compter du 1ᵉʳ janvier 1840.

pas les mêmes ressources de placemens, il devient une erreur manifeste (1).

Quoi qu'il en soit, si l'occasion qui se présente de tirer parti de propriétés importantes n'est pas mise à profit ; si d'ailleurs la question soulevée paraît insoluble aujourd'hui, quelles circonstances nouvelles pourront donc, plus tard, déterminer à faire ce que l'on regarderait comme impossible en ce moment? Il faut le dire avec franchise, Monsieur le Ministre, dans dix ans, dans vingt ans sans doute, les choses seront encore en leur état actuel ; seulement, la société aura été privée d'une magnifique salle, qu'il est presque impossible d'ériger ailleurs dans des conditions aussi favorables ; la ville de Paris et le public n'auront pas joui d'améliorations et d'embellissemens faciles à obtenir, et le Trésor n'aura pas reçu les sommes considérables qu'il aurait dû toucher pour impôts!

D'un autre côté, qu'arriverait-il si, reconnaissant qu'il est trop onéreux de conserver des bureaux et un vaste jardin dans un des quartiers les plus recherchés de la Capitale, le Gouvernement se décidait à aliéner définitivement les terrains que je propose de concéder par emphytéose? Cette vente rendrait disponible un capital de 2,000,000 à 2,500,000 fr., ainsi que je l'ai démontré par l'estimation ci-dessus ; mais que faire de cette somme? Irait-on précisément, et de préférence, l'employer en achat de valeurs publiques, lorsque 150 ou 200 millions en numéraire, qui pourraient avoir la même destination, restent enfouis et improductifs dans les caves de la Banque? On le voit, l'aliénation ne serait guère préférable au maintien de ce qui existe.

Par ma lettre du 15 mai, j'avais proposé de rendre la salle et ses dépendances au bout de 15 ans, en obtenant une emphytéose de 50 ans pour les autres constructions, ou le 1ᵉʳ octobre prochain, au moyen d'une emphytéose de 70 ans. (Voir pages 13 et 14.)

---

(1) C'est par cette raison que, dans les diverses appréciations qui précèdent et qui suivent, l'intérêt de toutes les sommes a été respectivement négligé.

Vous ne devez pas vous dissimuler, Monsieur le Ministre, qu'en usant du droit incontestable de disposer du privilége affecté au *Théâtre royal Italien*, vous avez, par la prorogation de trois ans accordée au titulaire actuel, détruit plus d'une combinaison qui consistait à cumuler la qualité de constructeur et celle de directeur; toutefois, personne ne doute qu'une salle située rue de la Paix, et d'une capacité convenable, ne permette à l'exploitation théâtrale de supporter un loyer de 80,000 fr. au moins; il devient donc fort intéressant pour l'État que cette dépense reste définitivement à la charge du directeur, et que les deux emphytéoses soient réduites à une seule, d'une durée convenable : le terme de 45 ans paraît être une bonne proportion ; c'est sur cette base que sont établis les calculs ci-après.

Le mode que je propose a encore cela d'avantageux, que l'État, en conservant ses terrains, jouirait d'une plus-value considérable à l'expiration de l'emphytéose. Sans doute il n'est pas probable que cette plus-value puisse suivre la progression qui a eu lieu dans le prix des immeubles depuis 50 ans ; pourtant, on doit remarquer que la population, en continuant de se porter dans le quartier de la Madeleine, ne peut qu'augmenter, d'une manière sensible, la valeur des propriétés du 1er arrondissement.

L'État, à la fin de l'emphytéose, rentrerait dans la jouissance de ses terrains, estimés aujourd'hui à .... 2,383,500 fr.

La salle, les passages, les 14 hôtels ou maisons, les boutiques et dépendances, établis très solidement, vaudraient encore à cette époque environ........................... 3,750,000

Un relevé comparatif et presque officiel constate que les constructions ci-dessus ne paieraient pas, en impôts de toute nature, moins de 40,000 fr. par an ; ce qui pour 42 ans, déduction faite du temps employé à bâtir, et attendu l'affranchissement temporaire dont jouissent les constructions nouvelles, porterait cette somme à 1,680,000

Total....... 7,813,500 fr.

Ainsi, au bout de 45 ans, l'État, au moyen des impôts qu'il aurait perçus, et des constructions qui lui seraient abandonnées, retrouverait une valeur réelle de........................ 7,813,500 fr.
Et jouirait d'un revenu d'environ 300,000 fr.

En vendant aujourd'hui ses terrains moyennant...................... 2,383,500 fr.
Et en admettant que, livrées à l'industrie, les constructions payassent pendant 42 ans les mêmes impôts que ci-dessus, c'est-à-dire................ 1,680,000 fr.
} 4,063,500

L'État recevrait en moins, à l'expiration de l'emphytéose........................... 3,750,000 fr.
Et ne profiterait pas de la plus-value des terrains, que l'on peut, sans exagération, estimer à 1,250,000
Ce qui porterait la perte totale à.......... 5,000,000 fr.

De pareils résultats sont assez significatifs ; ils n'ont pas besoin de commentaires. La concession emphytéotique que je propose est un acte de bonne administration, que tout le monde approuvera.

Quant aux moyens d'exécution, ils semblent indiqués par le système suivi pour la salle *Favart*. Ce serait peut-être ici le cas d'examiner à fond les avantages et les inconvéniens d'une adjudication publique ; mais cette question est trop délicate, et je laisse à d'autres le soin de la traiter. Un mot pourtant à ce sujet : la concurrence est nécessaire et presque indispensable ; malheureusement l'écueil est à côté du bien. Les entreprises à vil prix ne sont pas sans danger, surtout pour le Gouvernement ; il résulte, de cette lutte entre les constructeurs, des économies forcées, des ruines fréquentes, et, trop souvent, de mauvais travaux. Si l'on veut obtenir, des capitalistes ou entrepreneurs, de bonnes constructions, il faut absolument que leur industrie, leur temps, leurs soins, les fonds qu'ils avancent et exposent, trouvent, dans un bénéfice raisonnable, une juste compensation à tant de peines et de chances.

L'affaire de la salle *Favart* vous a semblé avantageuse, Monsieur le Ministre, puisque vous l'avez défendue à la tribune avec conviction et chaleur; il est donc tout naturel qu'à l'appui de mes argumens je prenne un objet de comparaison dont tous les détails sont encore présens à votre mémoire :

Les terrains de la place *Favart*, concédés pour la salle du théâtre de l'*Opéra-Comique*, sont d'une superficie de 1,333 mètres, qui représentent, à raison de 300 fr. le mètre, une somme d'environ.......................... 400,000 fr.

Auxquels il faut ajouter, comme ayant été abandonnés à l'adjudicataire :

1° le montant de l'indemnité payée par la Compagnie d'assurances du *Phénix*, pour sinistre de l'ancienne salle....................... 300,000

2° les matériaux restans, que l'on peut estimer à 100,000

Ce qui porte la valeur totale à fr............ 800,000 fr.

Si, au lieu de faire reconstruire une salle, le Gouvernement avait livré ses terrains à la spéculation, et abandonné, comme il l'a fait, le montant de la prime d'assurance, au moyen d'une emphytéose de la durée de celle dont vont jouir MM. Cerfberr et Crosnier, il les aurait facilement loués 40,000 fr., soit pour 38 ans 9 mois............................... 1,550,000 fr.

Il aurait pu, en outre, rester propriétaire, à la fin de l'emphytéose, des constructions faites par le concessionnaire, et qui peuvent être évaluées à   500,000

Enfin, il aurait touché en impôts à peu près 10,000 fr. par an, ou, pour 38 ans 9 mois..... 387,500

Total..... 2,437,500 fr.

A ces conditions, si favorables pour l'État, l'adjudicataire aurait cependant fait fortune.

Au lieu d'avoir réalisé ce bénéfice, l'État rentrera, en 1879, dans la propriété de la salle *Favart*, qui lui représentera à cette époque, d'après l'estimation d'autre part, une valeur, plutôt *fictive* que *réelle*, de 2,437,500 francs (1).

Je me résume :

La concession de l'emplacement *Favart* a eu pour objet d'abandonner, pendant 38 ans 9 mois, en échange de la reconstruction d'une salle, un vaste et précieux terrain, avec ses fondations, ses murs, ses accessoires; d'importans matériaux, le bâtiment de la rue de Louvois; enfin, une somme de 300,000 fr., sans intérêts, et dont l'adjudicataire est dispensé de rendre compte.

Ma proposition consiste à livrer à l'État, au bout de 45 ans *au plus*, et libres de toutes charges, un théâtre monumental, une rue, 14 hôtels ou maisons, des passages, des boutiques et dépendances, avec tous leurs revenus.

J'en appelle avec confiance au témoignage de toutes les personnes qui ont quelques connaissances spéciales : si la première de ces deux opérations a obtenu le concours du Gouvernement, la seconde n'est-elle pas digne de toute sa sollicitude?

J'ai l'honneur d'être,

Monsieur le Ministre,

Votre très humble

Et très obéissant serviteur,

Eug. Le Comte.

---

(1) Le sacrifice qui pourra résulter pour l'État de cette concession serait évidemment plus considérable si l'on avait évalué le produit du bâtiment de la rue de Louvois, qui sert aujourd'hui de magasin de décorations, et dont la jouissance gratuite est abandonnée aux adjudicataires pour toute la durée de l'emphytéose.

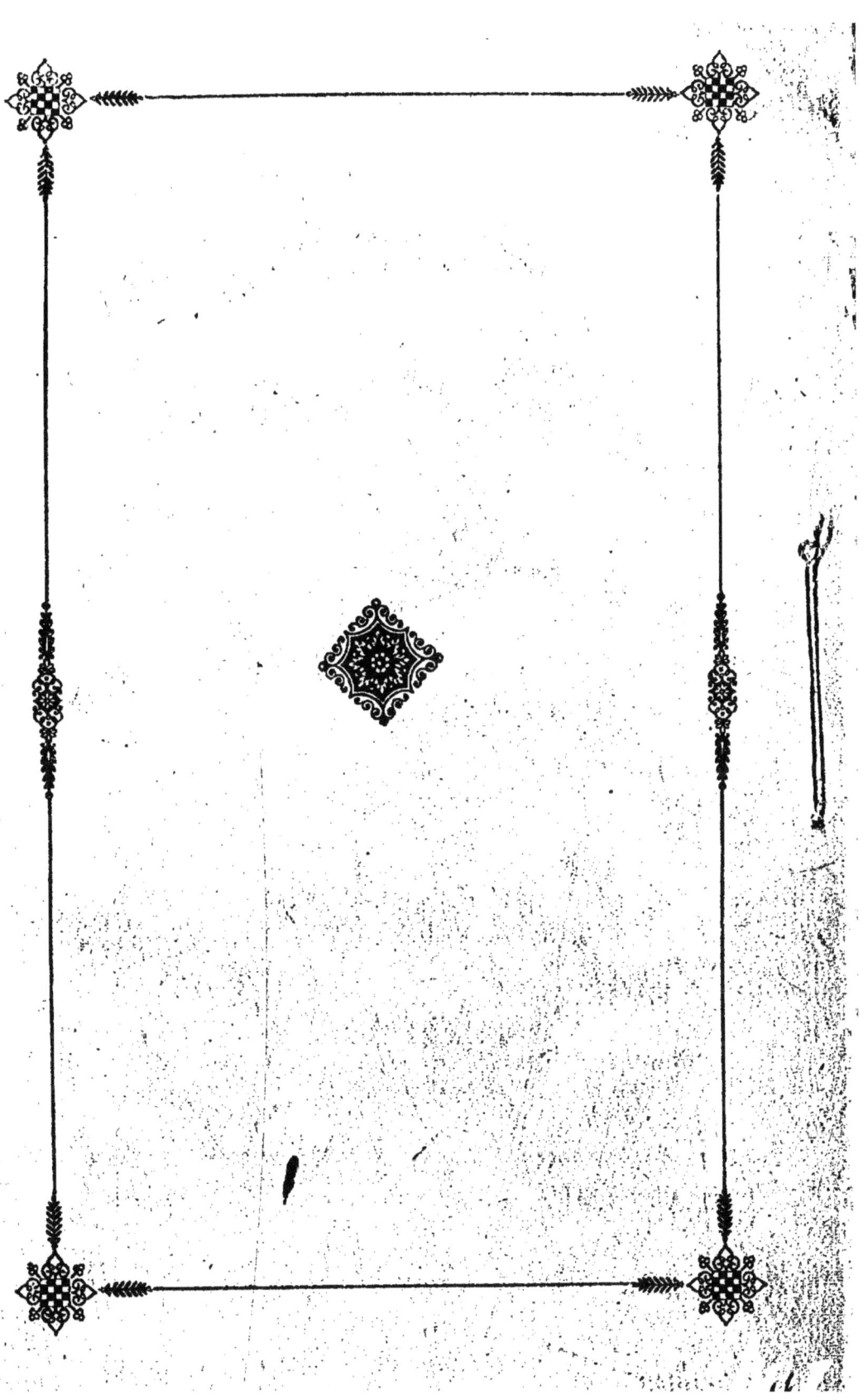

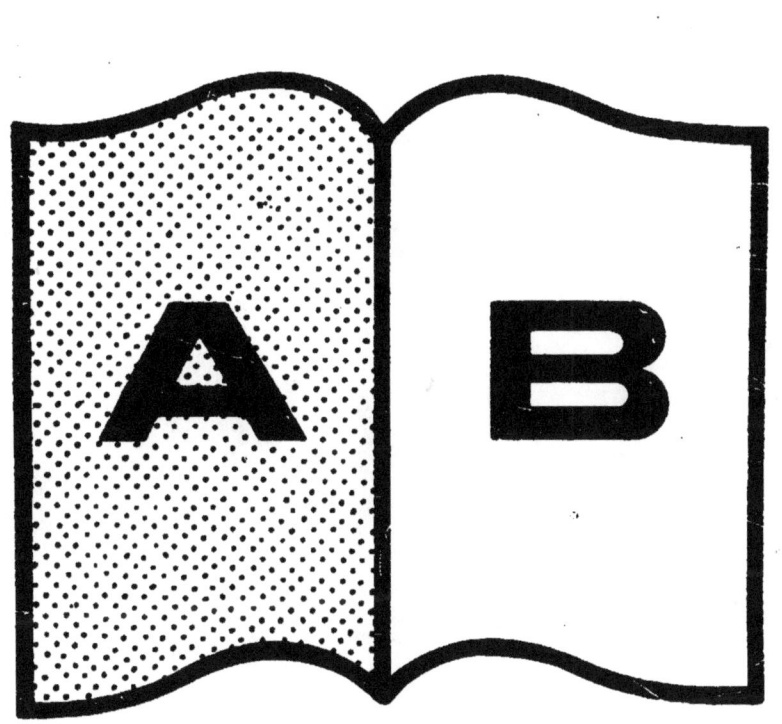

Contraste insuffisant
NF Z 43-120-14

www.ingramcontent.com/pod-product-compliance
Lightning Source LLC
Chambersburg PA
CBHW060618050426
42451CB00012B/2322